아주 오래된

내 마음속의 깨벌레

아주 오래된 내 마음속의 깨벌레

이봉명 시집

도서출판 두엄

2011

序文

여자의 가슴에 숨겨진 비수처럼
아주 오래된 내 마음속의 깨벌레
한 마리가 꿈틀거리고 있다
낯선 마을에 얹혀사는 막일꾼도
한 마리 개를 만나기 위하여 어슬렁거리는 나도
눈부시게 문틈을 밀고 들어오는 아침햇살도
어머니가 눈부신 꽃상여를 타고 갈 때처럼
늘 꿈틀거리는 깨벌레를 벗어날 수 없다
나의 가장 깊은 데까지 침투해오는 어머니,
꿀벌을 치며 사는 것처럼
아직도 단념하지 못한 폐선의 키를 붙잡고
포내리를 떠나지 못한다
적상산과 나 사이에
낮은 데로 낮은 데로 몸 낮추고
언제나 그 깊은 우물물을
두레박으로 길어 올리겠다

2011. 8. 늦은 여름날에

차례__

제1부__오래된 마음속의 얼룩

제2부_그대와 이 세상에 사는 일이

제3부_아무도 눈여겨보지 않는다

제4부_나를 흔들고 가는 물살

제5부_가지를 흔드는 너를 알고 있다

제1부

오래된 마음속의 얼룩

노을

여자의
가슴에 숨겨진 비수
끝에서
빛살 하나 자지러지는
해질 무렵

온통 하늘에
상처를 낸다

아버지의 발톱

그는 자른다
세상의 모든 아픔 버리듯
날 세운 칼끝에 잘려나가는 그의 분신
잿간에 버리고 돌아와
내일 아침 밥상에 올려 줄
식구들의 양식을 생각한다
자신이 키워 낸 새끼들의 눈빛
몇 번이고 떠 올린다
세상의 온갖 뼈 불거져
마른 침 삼키며 달려온다
끊어진 손마디도 달려온다
퍅퍅한 흙먼지 뒤집어 쓴 채
언제 다시 산돌배 삶아 허기진
뱃가죽을 달랠지도 모르는 불안도 달려온다
잘려나간 발톱 사이에
잠들어 있는 심장소리
긴장감으로 오척단신을

지탱시켜온 발톱 바라보며
온갖 풍상으로 고향에 돌아와
부활시키지 못한 흙 속에
온 몸을 묻는다, 봄날이 오면
표정 없이 돋아날 꽃송이 하나
잘려나간 발톱 같은 잔영을 따라
독고마리 씨앗처럼 달라붙는
아침을 기다리는 사이
뭉툭한 발가락 하나
아무도 깎아주지 않는 발톱을 위하여
스스로 자른다

깻잎을 따며

바구니 들고 밭길로 나선다
깨밭을 빠져 나오며
나는 깨벌레가 무섭다는 사실을 느낀다
푸른 깨벌레가 달라붙는 느낌
온 몸을 오싹하게 만드는 죄 아니다
그 푸른 벌레가 너무 통통하기 때문이다
푸른 것들이 꿈틀거릴 때마다
내 몸이 따라 꿈틀거린다
빈 들판 가득 꿈틀거린다
죽은 자도 함께 꿈틀거린다
함부로 깻잎을 딸 수 없다, 밭길을
빠져 나와 무수한 얼룩들 중에서
가장 오래된 내 마음속의 얼룩
어머니가 빠져 나가 버리고
집사람이 뒤 따라 나간
그 얼룩들 송두리째 꿈틀거린다
들깨잎을 포개며 깨벌레에 끌려 다닌다

아무래도 내 몸 속의

깨밭을 벗어날 수가 없다

길

모든 길은 길에서 끝난다
아득한 가슴으로 길을 나서면
모든 길은
길에서 끝나고
맨 처음, 뜨거워지던 가슴과 떨던 손끝에
잡힌 바람도 외롭다
산이 있고,
바다가 없는 마을
누구도 닿을 수 없다
마냥 너를 돌아다보면
너무 아득한 거리에서 눈이 맞는다
미안하지만, 아무것도 가진 게 없어서
모든 길이 시작된다
풀잎들 새벽에 함께 눈뜨고
마을 가까이 다가와
스러지는 바람결에도
길에서 길을 만난다

그믐달. 1

낯선 마을에 얹혀 사는 막일꾼은 슬프다 막차가 닿은 깊은 산골모퉁이, 낮은 추녀에 머리 숙여 든 비스듬히 쓰러져 반듯치 못한 초가집은 슬프다 쫓겨난 도회지 판잣집 만한 집이라면 슬프다 메케한 흙냄새를 맡으며 기다리는 새벽, 쌀랑한 구들에 귀대고 엿듣는 여자가 쌀 씻는 소리는 슬프다 고무신을 끌고 모퉁이를 돌아가는 얼굴, 끝내 언 생나무 꺾어 새벽 밥 짓는 소리는 슬프다.

……오메, 저 달좀 보소

여자가 돌연한 호들갑에 방문을 여니 싸리울 너머 여명 속 그 손톱 같은 새벽달이 솟아올랐다 밤새 추위에 보채 쌌더니 이리 가까운 산 위로 손톱달이, 손톱달이, 저 손톱달이……

그리고 그믐달 낮은 데로 흐르는 수챗구멍에도 솟아올랐다.

그믐달. 2

세상은 담을 뛰어넘지 못한다 수척한 당신의 허우대, 먼 산골돌담을 돌아가다 마주친다, 만난다 오늘은 그대의 눈빛이 형형하다, 잠시 서로 눈빛이 엇갈리어 사람의 눈으로 볼 수 있는 것과 아무래도 볼 수 없는 것이 있다. 말 할 수 없다

천지를 창조하신 당신과 새벽마다 예배당 문을 여는 그대가 만나고 만나서 낮과 밤이 바뀐다. 세상의 벽을 허물어 뜨리고,

오메, 저 달 또 떴네.

칼바람 파고드는 예배당 창문을 기웃거리는 동짓달. 그믐달은 수척하다, 십자가에 못박힌 예수같다.

오수

살아갈 일을 생각한다
크나큰 탐심과 오만과 배반
주르르 달려 나와서 꽁꽁 몸을 묶는다
줄에 묶인 강아지의 울음소리에
일제히 기지개 켜는 마을
유별나게 몰려오는 잠을 접으며
자꾸만 깊숙이 침잠하는 것
어머니는 굽은 허리로 다가와
내 몸을 누른다
강바닥에 닿는 섬짓함을
두 손으로 내 저으며, 반항해보는
나른한 육신을, 그럴수록 명징한
머릿속으로 잡혀지는 탐심과 오만과
배반의 실타래를 푼다
자꾸만 풀어지는, 저 실타래가
다 풀어질 때까지 견뎌야겠다
견뎌야겠……

견뎌야……

견뎌……

견……

어머니. 5

어머니 날 낳고 삼 년만 기뻐하셨다
삼십 년의 슬픔 속에서
눈물이 다 말라버린 눈빛으로
아들의 출근을 바라보시는 어머니
나 몰래 돌아앉아
마른 눈두덩을 문지르시다
눈부시게 문틈을 밀고 들어오는 아침햇살에,
하, 벌써 꽃은 피고 지고
씨앗 영그는 소리,
길을 가는 아들의 발자국 소리
귀 기울여 듣는 어머니

길 위에서

이 길 위에, 내 발자국 찍으면
돌아갈 그날을 위하여
사람은 한사코 기억하지 않는다
발목이 저려오는 대로, 지상에서
세상의 꽃은 다투어 피고
제 무게 이기지 못해 쓰러진다
늦은 오후 그늘 밑에서
경전의 문장에 붙들려
그 옛날 어머니의 젖무덤에 얼굴을 묻고
졸고 있을 때, 서둘러 재촉하는 그대

어디든 한 세상 쉬어갈 땅,
그 길이 열린다면
그대를 만나고 그리워하는 일이
슬픔이 아니었으면 좋겠다
더 이상 세월이 흐르고
머리칼이 희어지더라도

오래 전, 묻어버린 고통처럼
내 누추한 살림을 들추어내지 않고,
늘, 내 곁에서 다투어 피고 지는
꽃이었으면 좋겠다

어머니가 눈부신 꽃상여를 타고 갈 때처럼
이 길 위로, 눈물 흘리며
힘든 발걸음 재촉하지 않아도
내 삶은 온통, 길 위로 뛰어드는 것
껍질을 벗으며 드러내는
나의 부끄러움이여,
더 큰 부끄러움이 아니었으면 좋겠다

너를 향하여

어서 밖으로 나와 보라
긴 골목 끝에서 맑은 햇빛을
거두는 작은 손들
저 흰 눈 내리는 큰 길을 떠나
빛나는 아침 열리었으니
어느 마을 휘돌아서
종소리 들려오고
우리 하나의 힘으로 변할 때까지
큰 물살로 강 이룰 때까지
좀 더 험난하게 산길 오를 때까지
쓰러뜨리고 일으켜 세우는
너를 향하여
이젠 깊어질 대로 깊어지고
더러는 흐르고 더러는 내 몸속에
내가 먹고 견딜 수 있는 작은 양식으로 남아서
사흘은 걸어 닿고 싶다

부패한 역사의 갈피 접으며
인적 드문 동네 어귀처럼
쓸쓸히 눈이 내리고
떨어져 있어보면 알 듯
聖書의 침묵을 깬다

어느 날부터

그는 내가 교회를 옮길 때마다
따라 온다

아무도 모르게 교회 구석진 자리
얼굴을 묻고 하염없이 기다리는
염원을, 지난 겨울끝자락부터
나와 같이 따라다니는
그는, 나보다 먼저 와
자리 잡고 있다

그를 두고 내가 교회를
옮길 때마다 그는
따라 온다
얼굴을 가린 채
그가 누구인지 궁금하지 않다
내가 가면 미리와서 기다린다
교회 구석에 나도 모르게

숨어있다
내 발자국소리에도 얼굴을 들고
양장점 마네킹같이
가만히 바라보는 그는
아픔도 후회도 신음소리조차 없이
잃어버린 갈비뼈처럼 만져진다
내 최초의 상처처럼 만져진다

눈물

숲에서 나무의 기억을 본다
나뭇가지 흔들릴 때마다
새들이 가볍게 난다
너도 아니고 그도 아니면서
눈물인 듯 어쩌면
스치는 바람의 흔적인 듯
숲을 흔들고 지나간다
멀리 떠나버린 것은
돌아오지 않는다
잎이 지면, 그들은 어디로
그렇게 떠나는가
잊혀져 가는 하나의 몸짓으로
숲을 떠난다
저물녘의 숲은 언덕 너머로
바람도 없이 몸짓을 한다
나는 그 언덕에서 손을 흔들고
눈물 없이 울고 있다. 내가

시나브로 숲이 된다
아직도 뜨겁고 아직도 순결하지만,
나무들은 먼동이 틀 때까지
먼 바다에 닿았다가
가난한 마을의 뒷동산을 지나
눈물보다도 먼저
내려와 앉는다

모자이크. 1

한번 넘어지고 나면
얼마나 눈앞이 캄캄한지
이제 더 이상 꿈 꿀
낮잠 같은 순간의 소망 갖지 않는다

깊은 우물을 팠다
두레박 가득 퍼 올리는 햇살 속에서
지느러미를 마구 흔들고 날아가는
애인의 붉은 얼굴 가득
팔딱이며 뛰는 아이 속에서
물은 깊을수록 침묵했다
모든 안경알로 번쩍이는
눈동자 한 가운데로 풍덩 빠진다

작은 뿔 하나 있다
더 멀리 사라지고 나면
바람을 들이받을 뿔

까닭도 없이 징징 울고 떠나는
애인을 들이받을 뿐
일방적으로 세상을 흙탕질하는
그곳에 가고 싶지 않다

어느 순간에도 꼿꼿이 일어선다
쓰러지고 나면 더 깊이 눕는다
나무가 걷는다
나무가 눕는다
이 세상의 나무가 모두 다
날아다닌다
날아 다니는 새가
비로소 숲을 꿈꾼다

모자이크. 2

딸은 디자이너가 되고 싶었다
아내는 부자가 되고 싶고
아들은 생선장수가 되고 싶었다
나는 꿀벌을 치고, 이 산골에 묻혀서
기러기 날아가는 하늘만 봐도
금방 돌아 앉아 절망하는
심지 약한 사내가 되고 말았다
한 세상 지나는 것 잠깐이고
그냥 사는 일에도 종일 시달렸다
배부르고 등 따시어 아득한 잠 속에서
무수히 배 띄우고 나면
별 일도 다 있지
나는 생선장수 아들과
부자가 된 아내의 집에서
딸애가 지어준 옷을 입고
대청마루에 자리 깔고 누워
푸른 고등어 지느러미를 흔드는

바다짐승이 되어 있다
내가 되고 싶었던 건
종일 핏줄 세우며 땀에 젖은
뭉치 돈 한 번 만져보는 막일꾼
세상 밖에서 눈뜨는 꿈은
제멋대로 날아다니며
부화되지 않는다

모자이크. 3

자정에 태양이 솟았다
누이는 퉁퉁 부은 가슴 안고
밤마다 떠났다, 태양이 지고 나면
등이 굽은 채 기어왔다.
이 세상보다 더 큰 땅에서
바삐 자라갈 아이들
누이는 그보다 더 큰
가슴 안고 왔다
연신 이글거리는 눈빛, 맹렬히
손톱을 세우며
자정에 태양이 솟았다

왜 누이는 어두워지면
겁도 없이 기어 나오는가
온통 알을 안고 밀쳐내는
새벽이면 혈관을 타고
꽃이 피었다

뿌리는 뿌리 꽃 피우고
바람은 바람꽃 피우고
산과 산 사이로 숨 틔우는
땅은 목숨 바친 당당한 꽃 피우고
강변에 앉아 아무도 믿지 않는
사내 꽃 한 송이 피우고
왜 누이는 겁도 없이 자꾸
알을 품는가

제2부

그대와 이 세상에 사는 일이

꿀벌로부터의 봄

꿀벌은 스스로의 몸으로
꿀벌이다
자기 전신으로 날아서 꿀벌이 된다
자기 전신으로 수많은 꽃 속에
온몸 들이밀어 꿀샘을
빨아들이는 그들의 자세로 두려움을 털고
온몸이 으스러지도록 들이밀어
배가 터지도록 채워 나르는
꿀벌은 꽃이 있으면 있는 곳으로
밀고 간다 막 밀고 날아간다
터질 듯이 자기의 뜨거운 배를 내밀고
아주 날렵하게, 날아와 앉는
꿀벌은 자기 전신으로 꿀벌이 된다
꽃피는 들로 산으로 자기 스스로
꿀벌은 꿀벌이다

맑은 날

꿀벌이 높이 날고 있다
아이의 스케치북처럼
하늘에 낙서하는 꿀벌
가득히 어지럽다
흩어지지 않으려고 그렇게 서로
꿀벌은 날고 있다
먼 곳에 구름이 떠 있다
그 위로 뭉쳐 버리려는 듯
그렇게 날아가고 있다
하얀 꽃이 무수히 피어 있는
맑은 하늘 향하는 꿀벌
뭉쳐야 하는 이유와
사라져 버리고 싶은
저문 봄날, 맑은 떼 속에서
목을 비틀고 서서 바라보는
술 덜깬 사내가
하늘을 바라보고 있다
꿀벌을 바라보고 있다

꿀벌을 찾아서. 1

꿀벌은 없다
지금 꿀벌은 완전히 사라져 버리고
꿀벌이 바라보던 꽃술만
드러낸 채 서 있다, 꽃 속에
개미를 기르는 꿀만 질펀히 차 있다
떨어진 꽃잎은 보이지 않는다. 이 나무에
붙은 딱정벌레를 바라보며
봄날까지 우두커니 서서, 새벽녘에
푸른 하늘을 날고 싶어하는
꿀벌을, 하늘을 덮는 안개를 바라보았다
꿀벌은 나무 끝에 매달려 안 보이는 세상을
살아가고 싶었다. 끝없이 널린
꽃잎 한 켠에 찢겨진 희망처럼
쓰러져 있다, 꿀벌은 없다
꿀벌은 사라지고 없다

꿀벌을 찾아서. 2

꽃으로 갑니까
꽃으로 가서 꽃 속에 앉아 있는
노인의 황혼 속 어딘 가엔
꿀벌이 날아다 준 꿀이 맑습니다, 아니면
퉁퉁 부은 얼굴 눈빛에 번져 있습니까
꽃으로 가서
저무는 꽃잎 흔들며 바라보다가
쓸쓸하게 그냥 아주 쓸쓸하게
꽃밭에 서 있는 꽃
기겁을 하며 기다리는 기다림을
풀썩풀썩 먼지 일으키며 달려오는
눈부신 바람 기다리며
새벽빛이 덮여 오는 세상
어두운 색깔 쉽게 거두어 가는
깃발을 흔들며
작고 뽀얀 발걸음으로 다가서는
꽃으로 갑니까

꿀벌을 찾아서. 3

꿀벌 한 마리 쓰러져 있다
온몸 꺾여 뒹굴며
바둥거리고 있다
파르르 흔들고 있다
다리가 오그라들고 있다
날개가 갈갈이 찢기우고 있다
다급하게 무너지고 있다
서서히 몸을 간추리며
조용히 포기하고 있다
푸른 나뭇잎이 피어나고, 희망처럼
들판이 하나씩 깨어나고 있다
이른 아침녘이 있다, 꿀벌 한 마리
쓰러지고 있다, 날갯짓 멈추고
무수히 떨면서
전신을 멈추고 있다

꿀벌을 찾아서. 5

한 마리 꿀벌인 내가
호박꽃 속에 들어가 있다면
온몸에 노란 꽃가루 범벅이 된 채
한 마리 꿀벌인 내가, 어둡고 아득한
벌판에 나뒹굴어 있다면
이른 봄내 바람에 흔들리는 한 그루
혹은 몇 그루 밤나무 아래서 꿀벌의
꿈을 버릴 것이다, 죽은 나무, 뜨거운 열기 속에서
꿀벌의 꿈 버릴 것이다
무리 중에 높게 오른 꿀벌의 꿈
버릴 것이다, 멀리 날아간 거리만큼
흔들리며 전신으로 견디고 서서
뜨거운 열기의 꿈 버릴 것이다
뜨거운 몸으로 곧바로 날아서
꿀벌의 꿈 버릴 것이다
한 마리의 꿀벌인 내가
호박꽃 속에 들어가
더운 여름날 창밖에 버려져 있다면

꿀벌의 고백. 1

지금 피어 있는 꽃은
꿀벌을 맞이 할까요
한 때는
그대와 세상에 사는 일이
고운 얼굴의 눈빛만큼 아름다웠었다고
더 이상 말하고 싶지 않아요
세상은 눈물 없이 살아도 좋았고
당신처럼 눈물로 살아도 좋았다
저마다 사는 일이 다른
그대와의 사이에서
한 때는 그대가 되고 싶었던 일이
얼마나 아름다웠다고
더 이상 말하고 싶지 않아요
그대의 절망과 나의 절망
일치하지 않는 세상
운명처럼 살아왔으므로
하루에도 무수히 죽음이 두려워

흐느적거리는 날개를 접었으나
어둠이 깊을수록 길을 잃는
그대를 바라보고 있을 수 없었다고
말하고 싶지 않아요

꿀벌의 고백. 2

아직도 질긴 목숨 꽃으로 날아가요
도처의 함정 피해 오늘도
수상한 인간의 모습 보는 일
지친 꽃 만나는 일
낯선 삶을 기다리는 일
이봉명이를 만나면서
철저하게 고통이었지요
인간은 죽을 때까지
마침내 배반을 꿈꾸는 습성
할 수만 있다면 인간의 탈을 쓰고 싶었던
그런 날이 있었다고 말하고 싶지 않아요
이미 늦었지만, 사람이 사는 일과
별반 다르지 않은 꿀벌의 생을 향해
아직도 질긴 목숨들 꽃으로 날아가요

꿀벌과 함께

꿀벌은 난다, 바람 속에서도
꽃과 바람 사랑한 꿀벌이
숲 속으로 그의 엷은 날개를 파닥인다

꿀벌은 흔들린다, 힘차게 날개 치면서
더 멀리 날아간다
꽃 속에 잊지 못할 비밀이 있는 것일까
꽃은 낮 동안 쏟아진 무수한 빛을 온몸에 받아들여
온순한 몸짓 흔든다
꿀벌의 작은 힘은 어떻게 뭉치는가
손짓하던 꽃의 돌연한 침묵에도
초조하게 지켜봐야 하는가

날지 못한 꿀벌은 날갯짓을 멈추고
사방으로 제 몸 내맡기고 싶다
꿀벌의 말없는 몸짓을 사랑했던
꿀벌과 살아온 사람 있었나니

항시 외면하지 않는 숲과 함께
꿀벌은 자란다, 포내리에 피고 지는
꽃잎을 보내고
사람의 마을에서 파도치면서
더 멀리 난다
나는 꿀벌만 보면 날고 싶다
꿀벌 곁에만 가면
벌처럼 윙윙 날아가고 싶은 심경
이제 나는 꿀벌 속으로 날아간다
이제 나는 꿀벌 속으로 빨려간다

꿀벌을 위하여. 2

언제나 한 번은 꿀벌이 되고 싶었다
사람의 마음과 그의 생각이 일치하는
포내리는 늘 어수선했다
물결처럼 빠르게 흐르다가도
어느 곳에서 아주 느리게 모여
밤낮 없이 얼굴 바꾸는 그런 사람이 되고 싶었다
단 한 번의 눈짓에도 온 들에
뜬 소문으로 번져가는 물결처럼
어느 날 하루 조용히 지나는 일 없는
포내리 사람을 닮아서
수시로 혈압을 측정하는 꿀벌
꿀벌을 포기하고 돌아와
인간의 가면을 꿈꾸는 포내리
낮은 소리에도 경기를 일으키는
꿀벌의 몸짓을 보았다

꿀벌은 꼭 한 번 물살이 되고 싶었다

그리고 다시 혈압이 급격히 상승하면
꿀벌은 거꾸로 매달려
사람의 몸짓으로 야위어갔다
마침내 그의 눈빛마저 희미해질 때
꿀벌이 눈 뜨지 못하는 시간내내
우리의 몸을 휘감고 넘어졌다
단지, 꿀벌의 몸짓 하나만으로
사람을 닮아가는 포내리는 침잠하고 있었다
남은 것은 꿀벌의 과욕과
인간의 허상에서
포내리는, 비상하지 않은 채
늘 아침을 맞는다

꿀벌은 날아도 결국 영원에
이르지 못하는 것,
사람의 손 안에 감추어지기를 원하지 않았다
비로소 죽어서 사람의 자유처럼

아득히 날아서 꿀벌이 된다
나를 겨냥한 침, 일순
꿀벌의 영역에서 이탈하여
내 가슴팍에 박히고 만다

꿀벌의 집

상자 속에 집이 있다
상자 속의 집은 육각형으로
반듯하게 지어놓아
어질고 순한 여왕과 새끼들이
상자 속의 집을 들락거렸다
언제나 그들은 상자 속 집에 살았다, 그 집에
들어가 밀린 방세가 쌓인 계약서를
찢고 싶었다, 그리하여 어느 날
날개를 쉴 새 없이 흔들고
하늘로 훌쩍 날아들어
문을 연다, 도무지 처음 열어 보는
문밖에서 꽃이 떠내려가는 듯
어른거렸다. 더러는
떠내려가는 꽃의 눈부신 웃음
닿아야 할 발이
왜 땅에 닿지 않는 것일까, 그래서
상자 속으로 돌아와

육각형의 집 속에서도
어림잡아 다시 돌아온 수많은
그들과 무리지어 문을 잡아당기고 있는 것인가
언제나 문은 열리지 않고
점점 붉게 피어나는 꽃잎만 우수수
엷은 바람에도 나비가 되었다
나는 하늘을 올려다 보았다
모든 건 환영의 날개를 흔들어
아무도 머무르지 않는 문을 닫는다
모든 어머니에게서
무엇이 되고 싶은 것일까
지상에서 이루어지는 은밀한 일들
모두 그들의 일인 것이다
집은 언제나 커지고 얼마나 많은
꿀을 담아야 하는가

꿀벌. 8

하늘로 하늘로 열리는 꿀벌이여
너의 양식이 먼 데서 오고
오늘은 아픔이라 돌아앉아 운다
그리운 나라에서
잔치가 벌어지던 날
낯선 자들의 포악을 당했다
처음엔 그대의 배반과
마지막 나의 절망이 맞물려
무서운 불씨를 만들다
무턱대고 꿀만 채우던 그 이후
나의 일을 예견치 못하면
단식을 일삼던 자들도 달려와
배고픈 자와 함께 앉는다
부끄러운 자도 없고, 더욱
떳떳한 자도 없는 이 땅에서
지붕 밑 두꺼운 자리 깔고
어머니와 밥상을 마주 앉으면

침묵보다 무서운 말씀
얘야 기죽지 말아라
밥 굶지 말아라

슬픈 것은 슬픔이 아니다
어머니도 이른 새벽을 등지고
누우면, 잊는 세상
문틈 사이로 흘러드는 것
그게 슬픔이라고
등 따습고 배 곯지 마라
내가 알기도 전에
모두 다 알고 있는 꿀벌들
늘, 뒤늦게나마
깨치는 나는 꿀벌이다

꿀벌. 9

나는 안다
꿀벌은 또 하늘로 날아
꿀 따러 간다, 들녘에는
지난봄에 부러진 나무 사이로
옹기종기 모여 있는 기억들
우리는 가난하나 무섭지 않고, 슬픔은
가득하나 외롭지 않고,
어둡도록 꿀 찾아 헤매고 나면
아이들 떠난 학교 운동장 건너
어느새 긴 봄날도 지나
새벽 찬이슬 젖은 가을이 오고
이웃마을 학교운동장 위로 만국기 휘날릴 때
무시로 넘었던 언덕배기
싸늘한 바람이 뒹굴고,
그래, 나뭇가지에 찬 서리 내릴 때
어머니의 땟국 젖은 허리춤을 걷고
봄부터 그렇게 살아왔다고

죽음보다 더 무서운
굶주림을 잊기 위해 일했다고
그들은 말하고 있다는 걸
누가 또 다시 세상에 오면
이르리라
받는 것 보다 주는 기쁨이 얼마나 더
눈부신가를

꿀벌. 15

아주 멀리 날아가는 날이 있다
오늘 벌어진 일을 생각한다
꿀벌이 꿀벌로 견딜 수 없는
쓰린 아픔
쓸어주기 위하여
멀리 꽃을 지나쳐 가기도 하는 날
일찍 눈 뜨게 하는 것이
꿀벌은 꽃 속에 그 몸을 거두어 가고
세상 밖의 숨소리조차 꿈을
일찍 깨웠나 보다
강을 건너 들판으로
다시 돌아올 길 아득한 곳을 향하여
잠시 날아가
꿀벌들 짐작키 어려운 그곳
집의 꿀벌도 지대를 벗어나
다시 돌아오지 못하는 힘을 똑똑히 보았으니
꿀벌과 헤어져서

다시 꿀벌을 만나기 위하여
아직 단념할 수 없는
아직도 꺼지지 않는
여름 내내 하늘을 날던 날개
조금씩 눠우치면서
사람의 잠 속으로 날아간다

꿀벌. 16

어디선가
꿀벌은
함성을 지르며 몸살이다
날갯짓하며 내리는
하늘 밖, 끝닿는 곳까지
못 견디게 못 견디게 다가서 오면
소리 없이 우는 그를 만난다
세상에서는 늘
태어나고 죽어가듯
존재와 슬픔의 깊이를 잰다
어둠의 깊이만큼 절망하고
희망의 간격을 알고 나면
그대에게 이르는 비상
저 풍만하고 빛나는 순간만큼 아름답다
어디선가
꿀벌은 꿈꾸지 않는다, 꿈꾸는 것은
슬프고, 지는 꽃보다 아프다

몇 번이고 저만큼 사람의 거리를 두고서
돌아눕는 그들에게
아직은, 함성을 지르며
사람의 마을에 닿고 싶다

제3부

아무도 눈여겨보지 않는다

5월이 되기 전부터

사람들 마을을 버리고
섬세히 그림자 지울 때
몇 개 추억을 넘긴다
자세히 바라보면 분명
그대를 닮은 내결에
나를 닮은 그대가
온종일 빛을 적시며
또 한 계절을 살아
한 없이 달려온 길을 돌아보면
너를 두고 한결같이 꽃이 피듯
오, 뜨거운 열기를
감당하지 못하는
이 시덥잖은 세상
우리가 만들어 둔 탑인걸
기나긴 철로 주변서 잠들어
꿈꾸는 자 일어나라
기차는 달려와 평화를 실어 나르지 않아도

저 움직이는 기미를 보라, 무심코
또 4월이 가는 걸, 무턱대고 가는 걸
거리에서 넘어져 젖는 얼굴
바람에 쓸려 자꾸만 일렁이는
숨가쁜 소리에 일어서서
4월을 넘기는, 넘겨서 우리가 눈 뜨는 달
그 바람의 뜨거움
못 견뎌하던 얼굴들 젖는다, 자꾸만
5월이 되기 전부터
일제히 일어서던

5월, 그 섬에 갔었다

한번쯤 온몸 던지고 싶은
눈부시게 젖던 바다
푸르르게 쓰러져 눕는다
아내도 따라 눕는다
허기진 배를 쥐고
한때 불어터진 라면을 불어 먹던
나도 따라 눕는다
수시로 육지와 이별을 서두르며
내가 먼저
빈 꿀통의 절망에 빠진다
무수히 젖어오던 5월, 알몸의 바다

몸살기를 견디며
바다에 갔었다
바다와 섬은 간격을 두고
상처를 감싼 채
뜨겁게 눕는다

5월, 그 섬엔 눈 감지 못한 영혼
잠깨어 푸르르게 눕는다

아내는 바다만 보면 미쳐 눕는다
하얀 거품 물고 살아온 세상
푸르게 멍든 가슴을 안고
그 섬에 눕는다
한없이 철썩이는 소리에
말 잃은 채 눕는다

5월의 잔상

끼니때마다 불어터진 라면을 먹던 날
아내는 잘도 견뎠다
그래, 이 푸르른 5월에 꿀을 따러
경부고속도로를 달려 간다
라면을 먹고 설사 만난 그 길
달려 고향에 닿을 때
허기진 배 움켜쥐고 하얀 꽃을 향하여
내달아 가는 꿀벌의 날개, 빈 꿀통 가득 넘치는
가난을 감추며

산다는 건 눈물 삼키는 것
수시로 야간열차의 괴성에 놀라 일어나는 밤
논 복판 천막 속에서 바라보는 별빛
새벽 기차의 불빛 따라가다
다시 헤아려 보는 벌통의 침묵에 자빠진다
무참히 내려앉은 5월의 무게
삶은 자주 미끄러지고, 자다 말고 울고 있는 아내와

아이들이 새파랗게 자라나는 이 밤에
쓸쓸할 것도 없이 나와 함께 앉는 새벽
그래, 사는거야
지나간 것은 모두 아름답고 그리운 것처럼
빈 꿀통 싣고 패잔병처럼 아이들 곁으로 돌아갈지라도
초라한 모습 보이지 말아야 해
그들은 이 모습으로 살아서는 안 되는 일
그게 더 무서운거야

숭숭한 새벽을 지나 먼 산으로 번져오는 5월의 빛살
아이들 꿈틀거리며 자라나는 그 푸르른 나무들 속으로
벌떼의 비상을 바라보면
무서웠던 밤의 기억을 털며 아내는
하염없이 멀어져 가는 기차를 보던
그 피난과 같은 5월의 끝 무렵

꽃

꽃이 피면 이쁘다고 바라보던 때와
꽃 속에 꿀이 있는 꽃인지
그렇게 분간하던 때가 있었지
바라만 봐도 겁나게 좋았던 그런 날보다
꽃이 지면 싸르르 가슴이 아픈 날이
더 잦아진 오늘
꽃을 꽃으로 봐서 눈이 부시고
꽃을 꿀로 봐서 달콤한
그런 꽃을 좋아했던 건
꽃이 피고 지는 일이 나의 일이 아닌데
내 곁에서 꼭 이루어지지

풀꽃. 1

떨지마라
온 몸 감싸고 있는 온기를 끌어당겨
묵은 텃밭으로 무너질 때까지
들풀은 숨어 꽃 피는구나
나는 햇살을 피하여 나무 밑에 앉고
스스로 다가와 웃는 풀꽃
너에게로 간다
이파리 사이로 기웃거리던 그들만이
총총히 길 떠나는, 그리하여
끝내는 온기를 감쌀 때까지 들꽃은 숨어 피는구나
지상의 작은 온기로 감쌀 때까지
풀꽃처럼 돋아나서 반짝일 것이다
인적 드문 풀숲에서
세상은 이렇게 저 길 어디에 갈 곳 아득하여
한순간에 넘어지는 들꽃은 숨어 피는구나

떨지마라

찬 이슬 물고 아득한 하늘 향하여
간밤에 떨며 지새운 풀꽃이여
불붙는 하늘을 바라보며
재빠르게 몸을 눕히는
그런 날이었다,
떨지마라
풀꽃이여

풀꽃. 2

세상의 모든
꽃은 보이지 않는 몸짓으로 피어나고
다시 서늘한 물빛으로 지고, 그냥 지나가다가
보았는가 꽃이라고 부르는 이를
최후의 눈빛 하늘에 두고
침묵의 무게 지고 이제, 어디로 가나
비 내린다고 전신을 내 놓는 새벽처럼
눈물 흘릴 수 없다. 그는 떠나갔다
잔잔한 물결 소리 들으며
빛나는 모든 것 사라졌다
아무것도 남겨 주지 못하고, 그리고 지금 떠나면서
깊이깊이 스며서 싱싱한 풀잎으로 일어나
이슬에 굴러 떨어지는 아침 햇살
온몸으로 안는다
그래서, 세상의 모든 것
그냥 스치는 것을

풀꽃. 3

관절 앓고 있는 어머니
풀잎 이슬, 총총 별 떠돈다
그때 정말 아름다웠다
기하학적으로 뻗은 세상의 길목
아무것도 움직이지 않는다
눈부신 알몸으로 고요하게 떠받치고 있다
어디선가 그대 눈길 닿아 이슬의 살갗 투명하다
한 번, 이슬에 매달린 별이 진다
팔순 어머니 관절 꺾으며
새벽길 가고 있다

풀꽃. 4

여자의 가슴에 숨겨 놓은
비수 같은 달이
이슬에 매달려 있다
풀잎마다 비수 꽂혀 있다
안개 자욱이 젖는 풀꽃
어디선가 그대 입술 가득
붉은 꽃잎마다 꽃등 켜고
달빛 자른다
강 쪽으로 귀 기울인다
소리 하나
어둠을 베어낸다
풀잎에 묻은 차가운 그믐달빛
뿌리째 흔들리는 것은
하늘 속으로 떨어진다

낙엽

우리가 떠나온 것은 마을이 아니었다
다리를 건널 때, 뒤 돌아다보며
수 없이 손 흔드는 그
반짝이는 이파리의 기억
그러나 아직은 다 말 못한
배고픈 아이들 맑은 눈,
흰 눈이 쌓이기 전
우리가 잠시 뒤로 젖혀 놓은 것
모두 잎으로 구른다

겨울 창밖으로 새가 되어 날아간다
바다가 그리운
세상 밖이 보고픈 그들,
저 나뭇가지에 걸려 떠나지 못하는
나의 눈동자, 하늘을 배회하는 작은 배
또 나의 손짓, 흔들고 있다

아직 떠나지 못하는
나뭇잎이 내일을 생각한다
세상에 두고 갈
마지막 유서의 한 줄
어둠처럼 밀려들어오기 전
손목이 저려오는 노을 빛 같은
가슴을 움켜쥐고
손을 흔든다

모두 떠나기 전
손을 흔든다

가을 오후. 3

그대와 나 사이
꽃 하나 피어 있다
흔들리는 꽃잎만 절반쯤
돌담 위로 노출되고,
간신히 지탱하고 있는 늦은
가을날, 문득- 스쳐지나가는
어머니, 흔들리는 눈물,
젖은 꽃잎 하나 떨어지고 있다

그해 가을 날

내가 너에게 빛 하나 보낸다
어떻게든 올가미 하나 만들어
한나절 잠시 떠나갈 여행
묵묵히 거리 재며
항시 나의 먼 기억을 모아 흐르던 물
그 깊이에서 사랑을 헹굼질 하면
하늘을 온전히 번지게 한 빛깔
돌아 앉아 적시던

어쩌면 너에게서 나를 갈라놓던 날
혼자 만지작거려 보았던 기억 속에서
잠시 용납되지 않는 묵계로
신이 버린 사랑에 젖으며, 필사적으로 달려가던 물
그 흐름의 소용돌이 속으로 함몰하던 나의 혼몽한
꿈속에서 뜨겁게 만났던 예사롭지 않은 눈빛
그래서, 다시 길을 재촉해 떠나가고
길을 찾아 빛을 흔들어 흩어버리면 다시 순식간에

길을 지워버리던 빛 속에 서서
넋을 잃고 울던 여자, 아프게 가슴에 안던
시린 물속에 다시 적시며
언제나 그 모양새로 앉아 나도 그처럼 살 수 있을
산마을에서

꿀벌을 치며 사는 것처럼 새롭던
그리움에 빠져 헤어나지 못한다,
영락없이 새의 둥지를 떠나가던 오후, 그 시린 시간에
산 그림자에 어둠이 밀려와 덮어가던 마을
침묵으로 넘어가던 가을 날, 무너져 내리던 가슴을 쥐고
마당을 쓸 듯 그해, 가을 쓸었다

가을, 그 변두리에서

음력 시월 보름날
한 필 삼베적삼 입고 길 떠나는 여자가 있다
저문 강, 건너 마을 징검다리 무섭게 건너뛰더니
바람의 틈새 벌리며
서리 맞은 호박잎, 쓸쓸한 마을 앞
굽 높은 구두의 젊은 도시여자, 급히 지나고 있다

싸리나무 삽작문 몇 번 열고 닫으며
나는 어느새 서둘러 강으로 나가
낡은 삼태기 가득 물고기를 훑고 있다
기척 없이 따라 나오는
그 끝없이 차고 투명한 물결의 그물
물새 발자국 지운다, 이읏고
깊은 수렁, 무겁게 가라앉는 가쁜 숨소리
아직 마을 어귀 그림자 드리우고 있다
우리는 알고 있다
푸른 잎 구르던 뜨겁고 싱싱한

그 꽃 피는 손, 등불 켜 들고
길고 포근한 바람과
지금 마른 골짜기를 내려와
갈대는 눕는다. 분주히 흔들던 여린 살갗,
조용히 시들어가는 나의 상처
함께 접고 있다

입추

아직 날지 못한다
날 수 있는 공간은 없다
작은 새둥지에서 나는 잠든다
처음 우리가 만나 의문의 시체를 묻을 때
깊은 수면 속 비집고 들어가
오래전 틀어쥐고 놓지 않던 시대의 발상
자꾸만 칭얼거리던 강물도 잠든다
바람은 쓸쓸한 오후를 질러 달려간다
살아서 반항하던 아이들 숲으로 모여
울부짖던 소리에 섞여
젖는다, 아직 새들 날지 못한다
내가 너를 향하여 눈부신 약속을 어긴다

가을인가

10월이 지나고 나면
먼 산 하얗게 눈 내린다
나무들 한 쪽으로 모여
서로가 다른 몸을 흔들고
잎이 지고만 그 가지를 바라본다
사람들
서로를 바라보지 않은지 오래
아득하다고 생각지 않고
강을 바라본다

더 어두운 부분을 감싸는
강물은 멀리 흐른다
아무도 눈여겨 보지 않는다

가을인가
11월의 시작부터
나무들 서로 몸 비벼 대는 소리

아득하게 강으로 떠나지 않는다
젖은 몸으로 강물에 발 잠그며
나뭇잎 떠나지 않는다

가을의 소리

우리는 모두가 그 길을 엇비슷하게 비끼며
비를 맞습니다
하늘과 땅의 넓이만큼
무엇을 사랑해 왔느냐고
비를 맞습니다
산 자와 죽은 자의 눈길을 피해
제가 삼킨 것 속에서 모든 것으로
비를 맞습니다
아무것도 보이지 않는 어둠 타고
이름 잊은 얼굴들, 가슴에 낀 안개 걷히면
사라진 것, 죽어간 것
약삭빠르게 발길 옮긴 것들
제 것은 아니었던 것을
어느 것인들, 어느 곳인들
부서져 내리며 스러져 가는 목숨이여,
비를 맞습니다
강은 강에서 흐르고

산은 산에서 흐르고
사람들 저대로 흐르고
하늘이 바다인가
바다가 하늘인가
눈 시리도록 바라보며
비를 맞습니다

제4부

나를 흔들고 가는 물살

등대. 1

—나 그리고 그대에게

1.

너는 알고 있다
고장난 고깃배 다시 한 번 바다를 향해
출항하고 싶은 것을
패자는 이미 패자로써 바다를 건널 때
저 수평선 끝에서
불확실한 그대를 기다리고 있다
바람은 바다 끝, 소요하는 신의 동행자이다가
때때로 물 위 혼자 걸어가는 쓸쓸한

바다가 푸르고 넓을수록 끝이 보인다
바다에서 기어 나와
잠시 배고픈 마을의 주변에서 깃발을 흔든다
세상은 차마 떠날 수 없다
작은 언어의 유희 때문에 허옇게 배를 깔고 눕는다,
바다에서
문명의 속성을 따라오던

저 불빛 걸려 흔들리고 있다
저 바람 걸려 신음하고 있다
살아남은 자 바다의 침묵을 안다
수많은 죽음 뒤에 흔들리는 눈빛을 안다
눈뜨는 바다, 그리고 그대에게
향수의 빛으로 앉는다
비 젖은 오후
알몸의 바다 안고 간밤에 울던
비늘이 되어 반짝이는 불빛이여
기억 밖에서 언제나 표정을 띄우고 있을 때,
불안하게 펼쳐나가는 새로운 풍경
잉태의 순간, 기억하지 못한다
아무도,

2.
가난한 사람은 손전등을 갖는다
아직도 단념하지 못한 폐선의 키를 붙잡고

몰입하는 꿈의 어느 먼 외항에 닿는다
나를 흔들고 가는 물살,
갈망의 속도를 재는 마법의 숲에서
바다는 부단히 들썩이며 세상을 깨우지만
불면의 가까이에 꿈꾸고 싶다
한 때 힘차게 출항하던 폐선의 용기처럼
인간들 끌어안고 힘으로 버티고 있다
그 무렵, 나 그리고 그대에게 바다가 눈 뜨고 일어나면
날마다 쓰러져 눕고 있는 사람들
나는 그 가운데서 바다의
모습을 만진다, 누구도 소유하지 못하는
바다의 넓이를 측량하며 길 떠나는 어부처럼

등대. 2
—새의 희망

새는 바다가 잠들자 날아 오른다
아무도 모르게 옮길 때마다
산부인과에 가본 당신은 안다
흰 뼈 드러내며 바다를 건너온다
한 조각 상처를 쓸어안고
허옇게 눈 뒤집고 치맛자락을 펄럭이며 건너와
바다를 물어뜯는다
조금씩 바다를 삼킨다

모두 숨죽이고 있어다오
마치 도둑고양이처럼 점령해 들어오는 저 빛은
꺼지지 않는 불면을 다독인다
피를 나누며, 시대를 빠져나가
배반을 건너
나는 이제 너의 주인이 아니다
슬프구나, 새의 꿈은
추악한 인간의 꿈보다 아름답다

널 끌어안고, 첨벙 뛰어들 새의 꿈속에서
모든 빛과 소리와 꿈으로 겨누는 급소
날개 잃은 바다새는 가장 단단한 빛의 씨 안에서
다시 세상을 깨운다
다만 그대 이름을 부른다
여리고 힘없는 날개로
멀리서 달려온 그대의 이름 부른다

그대에게 무슨 힘이 있는가
내 손을 따사로이 잡아 줄 그 남루한 힘으로
나를 일으켜 세운 바다는

등대. 3

—너에게

너는 보았는가
잠든 바다 위로 흐르는 빛을
무엇으로도 대신할 수 없이 그냥 스쳐 지나가는
저 흔들림, 최후의 물결을
침묵은 무겁게 닻을 내리고
아무것도 남겨 주지 못하고 고통과 부끄러움 속에서
떠나야 한다
빈약한 당신의 가슴으로 안아 주던 빛나는 어깨와
이마 그리고 내 목의 긴 머리칼도 잊으셔요
당신이 바다라면 나는 빛으로
어둠 속에서 만나야지요
세상의 모든 것은 놀랍고 가슴 떨리는 만남이 아니었나요
이제는 곤한 눈빛으로 안겨
섬세하고 정답게 스며서
아침을 맞아요
오늘밤 눈부신 별빛이 알몸으로 바다에 잠긴다

기침을 하지 마세요
때 아닌 독감에 꽃잎이 지네요
소리 없이 떠나는 저 물결, 새벽 바다를
그대 눈길 닿는 곳 일제히 함성을 지르며
최후의 빛을 만난다
흔들리는 것은 빛이다
단단한 껍질을 두르고 수면을 흔들며 잠든다
죽은 자의 안식처럼
빛은 그 위에서 젖는다
희고 작은 지느러미 하나가
눈을 떴다가 다시 감는다
그대의 가장 깊은 데까지 침투하는 물살을 뚫고
셔터를 누른다
내 어린 날의 눈이,
열
린
다

등대. 4

이상도 해라
마지막 칼날을 세우며
견고하게 빈 꿈 하나 키우던 날 선 바다
더 이상 비워줄 것이 없다
겨울 비 맞으며
어둠 속에 홀로 슬픔의 불 켜고 앉아 있는 자,
눈 먼 사람 눈 먼 채 지나가고
속까지 환히 드러내며
바다에 이르며,
무엇이 우리를 이끌어왔는지
무엇에 빈 몸으로 이끌려 왔는지
끝까지 외로움 하나 지키고 서 있는
불빛은 아름답다

상처 깊은 가슴은 알지
바다를 지나며, 깊이를 알고
흔들림을 알고, 성한데 없이 긁히며

진물 흘리는 날들 모두 다
버티고 있는 사람은 알지
허술한 방에서 바다를 바라보고 있으면,
당신 곁에서 나의 가슴을 만지며
오늘밤 여자처럼 울고 있다

꼭 한 번은 바다에 나가
싱싱한 바다의 핏줄을 자르고
붉게 물들고 싶다
당신은 당신의 깊이로
나는 나의 바다 속으로 곤히 빠져들고 싶다
불 댕기며 뻗어나간
친구여,

바다

빛 없으면 그늘로 가리워지는 장막
다들 잊어버리고,
무겁게 침묵하는 바다로 가야지
가슴으로 병을 앓는 아이의 머리맡에
언제나
바다 새는 날고
깊이 모르게 흔들려 오는
잃은 자의 아픔으로 돌아서서
서툰 날갯짓을 접듯
하얀 머리칼을 뽑으며
가야할 이 길은
거울 속 그림자처럼
얼마나 새롭게 할 수 있을까
갈매기도 날아와서
몇 개의 등불을 켜야 할 시간
아이는 새가 되어 날아가고
사랑보다 더한 목마름으로

출렁이는 너울
거울 속에서 다시 번지는 그늘

시 쓰다 흔들리는 술잔으로 뛰어든
쉰 넘은 사내의
새벽달처럼 앓던 바다는 늘
꼬리를 감추고 있다

포내리에서

뿌연 안개 자욱한 아침
가슴을 밀치며 버티고 선 적상산
하얀 머리밑 반짝이며
유언같은 하루 시작한다
아직 남은 자들과 돌아갈 그들
사이에 흐르는 강물
여전히 아득한 지상에서
뒤 돌아볼 겨를도 없이 내달려
쉰 살이 되었다
종소리 들려오고
두꺼운 외투와 모자도 없이
한겨울 눈길 걷는다
사탄의 눈빛 같은 그믐달
재빨리 고목나무 가지에 걸쳐두고
참회의 그림자 밟는다

세상은 어둠을 밝히기 위해

세상의 모든 형상은 반짝인다
어둠의 한복판 쓸쓸한 거리를 지나
그는 떠나갔다
아들아, 네가 돌아오는 그 날부터
이 땅 젖은 눈물 스스로 일어나
숲에서, 들에서, 강가에서
일제히 솟구치는 함성을 듣는다
눈부신 풀잎의 반짝임을 본다

겨울 강, 살얼음 밑으로 흐르는 물소리
바삭거리는 풀잎 눕지 않는다
아들아, 모두 다 손 털고 떠난
고향 들녘에 서서
이 적막 속
달려오고 있는 너를 바라보고 있다
조용한 자유속으로 뛰어갈
빛나고 결연한 너의 모습을 바라보며

이미 비울 것 다 비워버린
쉰 살의 나는 백기를 들고

부끄럼도 없이
무엇이 나를 견디게 했는지
이 겨울 지나면 이미

적상산과 나 사이에 흘러
낮은 데로 낮은 데로 몸 낮추고
나는 깊숙한 이불 속으로
은밀히 숨어 잠들겠다
새벽 종소리 들으며

포내리 비명

포내리에 포내리에 바람이 분다
넘어지는 건 나무와 숲, 그리고 그대
또 넘어지며 쓰러지는 그대
다시 일어서지 못하는 너를
포내리는 포내리는 쓸쓸하게 바라본다
한줌의 흙으로 왔다가 그대로 흙이 되어서
어둠으로 흔들려서
바람이 불면 그대로 바람이 되고
눈물이 나면 그대로 눈물이 되고
아무것도 아무것도 아니면서
포내리를 떠나가는 그대
태풍 올가로 떠밀려 간다
쓸쓸할 것도 없이 살다가
쓸쓸하게 떠나가는 그대
포내리는 포내리는 알지 못한다
애써 눈물 흘리지 않는 여인네도
바람이 불면 부는대로,

한 평 땅 값을 더 소중히 여기는
포내리는 포내리는 바람분다
쓰러지고 넘어지는 건 그대와 나
넘어지고 엎어지는 건 당신과 나
아무것도 아무것도 남겨두지 않고
바람이 쓸어버린 1999 여름
바람은 바람이면서 죽음인걸
흙은 흙이면서 어둠인걸
산으로 산으로 떠도는 여자와
흙으로 흙으로 떠도는 남자가
하염없이 돌아서는 포내리
이 시대의 마지막 바람이 분다

포내리. 5

그대 잠깨어 떨고 있는 사이
눈부신 사랑 감지하지 못한 채
꽃은 지고 있었다
슬픔이 내려와 고이는 곳
어쩌자고 꽃은 자꾸 피었다가 지고
아주 천천히 젖어 와
눕
는
다

포내리. 9

중요한 것은
이제 너로부터 너무도 멀리 떠나왔다는 것이다
사람은 제각기
저질러온 일에 대해서 기억하지 않는다
손쉽게 저지르고 까마득히 잊는
마지막 생애 그렇게 접어 두고
현기증을 누르며 떠날 때
이른 봄 포내리는 안개가 자욱하다
마을 한 구석엔 떠난 자의 흔적을 지우는
여전한 침묵만이 나비처럼 내려앉는다

나의 가슴에 날아와 앉는 새
어둠 속에 둥지 틀고
늦잠을 청하고 있다
눈을 뜨고 그대에게 가고 싶다

제5부

가지를 흔드는 너를 알고 있다

입동. 2

먼 곳에서
그 여자가 왔다
아무도 눈여겨 보지 않는다
늦게 눈 뜬 나무들 서두르고
늦가을에 내린 눈을 털고 있다
저 산 밑에서 누군가
떠나지 못하고 있다
치명적이다
아무것도 달라지지 않는다
생각만큼 변하지 않는다
혼자된 여자의 문설주를 은밀히
흔들고 떠나는 바람도
잠시 뒤돌아본다

한낮에
새들 침묵으로 날아든다
재빨리 눈을 감으면

멀리 강물 흐르는 소리처럼
먼 곳으로
그 여자가 갔다

입동, 그 다음에

깊은 밤, 나의 잠속에
그때까지 눈 뜬 자 모여
긴 겨울날 눈 속을 걷고 있다
무너진 돌담을 미끄러져 지나고
모과나무에 걸린 그믐달 같은 얼굴
아직 핏기 남아 있는 새벽녘
한참동안 돌아서
강으로 향하고 있다
떠나지 말아야 할 숲
새벽 별은 아득히 사라지면서
형벌의 옷을 벗는다, 다만
자유를 꿈꾸는 새들 날아간다
한 오십 년 살아온 몇 몇
여자와 사내가 한때 머물고
질투처럼 살갗을 부빈다
시절은 끝없이 되풀이되면서
가는 길을 돌아선다. 아무도

보지 않는 늪에서 다시 돌아 나오지
못하는 것을
오십이 지나고서도 그들의,
사랑의 손짓은 떨고 있다
목마른 자는 강으로 간다
이미 강은 옷을 벗어들고
도회지를 벗어나고 있다
내가 떠나는 곳과 머무는 곳에서
한 떼의 새들 둥지 틀고
깊은 밤 내 잠속에서
눈을 맞는다

입동, 나무들

첫 눈이 내리고,
하얗게 눈이 쌓인 가지
새 다섯 마리 앉아 있다
날마다 바라보던 적상산
귀밑머리 하얀 아버지 같다

아무도 기억하지 않는 마을
그 작은 집의 여윈 사내를
잡목 숲에서 날아온 새들이 맞는다
겨울은 길이 있는 곳에서
혼자 돌아가야 한다
햇빛도 없는 뜰에 앉아
마른 가슴의 눈을 감는다
잠시 아득한 이승의 마을에서
꽃 이야기 귀 기울이며
바닥까지 쓸어 놓고
상처 깊은 어머니의 신음소리 듣는다

어머니, 믿을 수 있는 것은
당신입니다
보십시오, 모든 나무 옷 벗고
온몸으로 끌어안는 세상
뜨겁거나, 목마르거나
서로서로 몸 부비고
조금씩 나누어 지피며 살아요
살아남은 자,
스스로의 무게를 가누며
눈발 날리고, 찬바람 불어도
주저앉지 않아요

어머니, 나무를 보아요
죽은 듯 살아서 꽃 피어요

겨울나무. 5

떨고 있구나
모두 어둠 속에 서 있다
견딜 수 있는 나무는 무섭지 않다
이유가 있구나
그 이유 묻는 자는 떠나가 다오
나무에 매달려 있던 자도 떠나가 다오
진부한 이상으로 버티지 못한다
엿듣는 자도 더 버티지 못한다
넌 아무도 만나지 않은 채
이렇게 여전히 등을 보이고
견딜 수 없겠군, 물론이지
모른 척 할 수 없는 일이다
흐르는 것은 중심을 잡을 수 없다
정말 떨고 있구나
가로막지 않는 길에서
내게 말을 걸어오는
이유가 있구나

겨울나무. 7

문득 새벽을 열고 달려와 빈 가지에 걸리는
작은 새 하나 둘
젖은 날개 접고 앉는다
문 열면 모든 시야가 캄캄하다, 골목 끝에서
돌아가는 사람의 그림자
예배당 문 열리고
순간 반짝 환히 밝히는 창문
눈부신 신의

빈 나뭇가지에 앉은 새
잔털 사이로 스며들어
누군가 은밀히 부르짖는 소리
발걸음을 멈춘다, 나무여
그대 머리맡에
아직 만나지 못한 이름들 있다
나뭇가지의 흔들림 그것은
늦은 밤 동안
새의 뒤척임

겨울나무. 8

너의 기억 속에
새, 둥지를 튼다 알에서 나온
새끼들 고물고물 자라고
간밤에 울던 어미새의 꿈
고등어 지느러미 바다를 뛰어넘는다
바다는 정어리, 오징어, 멸치,
갈치떼 날아다니고
숲에서, 하얗게 하얗게 눈이 내린다

나의 기억 속에, 어느새 하나 둘 떠나고
마지막 이파리를 쓴다
가난은 슬프다, 슬퍼서 떠나지 않는다
너의 불확실한 약속, 겨울은 알고 있다
아직도 단념하지 않고
가지를 흔드는 너를 알고 있다
다시 한 번 힘차게 일어설 것
끝까지

깊은 수면은 바람의 알을 부화시킨다
창백한 유서의 아픔을 넘기며
새떼가 날아와 나뭇가지 흔든다

겨울나무. 9

외로운 가지 끝에 매달리는
그믐달빛의 무게를 느끼는 것이다
바람은 한동안 멀찍이 비켜서
길을 떠난다, 무수히 내려앉는
아주 오래된 기억
소리를 듣는다
그냥 스쳐가는
꽃이 지고,
바람이 지고, 먼 옛날
흘러간 강물소리 듣는 것이다
난데없이 달려와서
나는 너에게
유서 한 장 건네는 것이다
몇 개의 등뼈와
잃어버린 갈비뼈 묻고서
한 사흘 눈이 내리고
바람을 따라붙는

어느 섬마을 아이의 소리
듣는 것이다. 바다를 지나온
한 마리 휘파람새의 짧은 신음 소리
전신으로 듣는 것이다

겨울새. 2

몇 마리 날아도 금시,
하늘 가득 채우는 그리움
달빛 흔들리는 날
젖은 어머니의 눈물처럼 눈 내리고
눈부시게 눈을 털며
여백을 밟고 떠날 때
쪼아대는 부리로 삼키던 소리
소리 누르며 강이 울었다

나뭇가지에 걸려 찢겨진 날개
아직도, 문득 기억을 잡는다
어머니의 상처만큼 깊어진
강바닥에 눕는다

겨울비. 1

너를 보았다
너를 향하여 화살 하나를 쏘았다
종일 보채며 비가 내리고
젖은 몸으로 뒤척이는 소녀
빈 나뭇가지마다 매달리는 빗방울
겨울새가 젖은 날개로 날아와 앉았다
너를 향하여 젖은 화살 하나를 겨눈다
영락없이 빗나가는 빗줄기
성급하게 퍼지는 빛을 흔들며
무수히 화살을 쏘았다

겨울비. 2

아직도
부르지 못한 이름이 있다
어느 날 혼자
그 이름 분명한 소리로 부르다가
깜짝 놀랐을 때
저 무성한 숲으로 새떼처럼
모여드는 그리움
비가 내린다

젖은 몸으로 다가와
눈부시게 흔드는 너를 보았다
빛이여
문을 밀치고 들어와라
네가 떠나려고 할 때
흔들리는 문틈으로 너를 불렀다
내 전신을 샅샅이 적시는
동짓달 스무사흗날
비가 내린다

겨울

잠 깨지 마라
이 긴 겨울 어둠 속
눈 뜬 자는 외롭다
깊은 수면에 묻혀
불안한 눈동자는 슬프다
미처 속살을 감추지 못하고
길거리에 나서면
살은 무엇이길래
바람을 밀어내는 걸까
바람은 밀려나는 걸까

누군가
목숨 건 사랑도 버린다
흐를 곳을 향하여
단단히 신발 끈을 묶고
깊이 잠든 어둠을 와락 껴안는 힘
잠 깨지 마라

여리고 힘없는
살을 서로 섞으며
뿌리 내리기 위하여,
강물과 강물이 만나 어우러져
하나의 숨소리로 흐르는
질긴 눈부심, 이 새벽
무슨 힘이 있는가, 쓰러지지 않고
일제히 일으켜 세운 소리조차
깊이 잠들고 나면
아무것도 모르게 오랫동안
언 감나무가지에 매달리는
그 중력을

첫눈

해질 무렵, 눈이
먼 산으로 새처럼 함께 날아간다
늙은 밤나무 가지에 까마귀 떼
입동이 지난 들녘
뽑다만 무밭, 들깨 이파리
눈이 앉는다

아이들 두 손으로 눈을 받으며
동네 고샅으로 치닫고,
젖 뗀 강아지 같다
토끼나 꿩을 잡으러 한겨울 내내
눈을 밟으면
산마다 나뭇가지 휘어지고
숲의 고요를 깰 것이다
고요한 마을의 양지녘 부터
소란스럽게 기지개를 켜고
먼 산으로 몇 마리 소리개 날아오르고

아이들 서둘러 새잡이 나서겠다
가난한 산골마을
오늘밤은 펑펑 첫눈이 내린다

겨울 하늘에

아버지, 다시는 술 마시지 않을 겁니다
무시로 드나들던 주막집에
무슨 까닭으로 달빛은 휘영청 밝은지요
무겁고 질긴 절망, 벼랑 끝에 매달린
뼈마디 쑤시는 생명의 통증
이불 끌어 덮어
오늘은 시린 가락
목청을 돋굽니다
어쩌면 좋을 것이냐
그윽한 내 영혼에서 곤두박질치는
저 별 하나 떨어진다
도무지 까닭 없이 지는 별과
파랗게 자지러져 눕는 나와
때 없이 눈 몰고 오는 바람과
새벽을 더듬어 집에 돌아오는 아버지
어디쯤 하늘에 숲을 가꾸며
가만히 들여다보면
거기, 나 혼자 있다

겨울 이미지

해질 무렵부터 적상산은
엉금엉금 기어 다닌다
축축하게 젖은 속옷 널어 말리며
피어나고, 하늘은 무겁게 눈 뜨고 싶다
나무 위에 내려앉는 까마귀
조차, 잠들고 싶다

마을에 닿는 나무 그림자 사이로
빛나는 아이들 발걸음도 기어 다닌다
참새 떼, 탱자나무 사이로 자리 틀고
이브의 늑골에 남은 이빨자국
뼈 속까지 스며들어
여전히, 길 잃은 사람들
일체의 몸짓도 가리지 않는
차가운 거리
칼날, 심장을 쑤시는 예리한
칼날인 너는

얼어붙은 마을을 지나서
돌아다 보면 싸늘한 강물
흘러라

겨울 아침에

내가 찾고 있는 그는
기억 속에서, 언제나 우물을 긷는다
새벽 정적 속에 눈을 떠
겨울나무처럼
얼마나 더 기다려야 하는 건지
중요한 것은 이제
간밤에 꾼 꿈의 빛깔이
하얗다는 것

아침마다 강에 떠다니는
나뭇잎 몇 개
에덴의 변방에 그물을 친다
공평하지 않은 어떤 새벽
세상의 한구석에서 적과 싸우던
신은 돌아오지 않고, 우리가 무대에서 내려오면
지상을 덮는 저 눈, 내린다

세상의 누더기 벗은 사람들
다리 절며 걸어온 겨울은 짧지 않다
얼어붙은 은총의 나뭇가지
부활하시는 주의 기적 따라
아침 내내
눈이 내리고
오랫동안 잠 잃은 한 마리 짐승처럼
자고 일어나
사냥의 명수를 꿈꾼다

해설

일과 비애와 그리움의 노래

정윤천(시인)

1.

이봉명 시인의 시집에 실린 일련의 시들은 사유와 묘사의 시편들이기 보다는 서술에 기초한 담시풍의 글체로 읽힌다. 그는 그렇게 독자들을 향하여 자신의 시적 각성의 내재율에 의해 생성된 시의 순간과 풍경들을 결코 격앙되지 않은 목소리로 두루 전하며 들려주는 방식을 취하고 있다. 또한 그가 행하는 시적 언술의 내용은 새로움이거나 현학이거나 비틀림이거나 하는 이즈음의 것들과는 일정한 거리를 두고 있기도 하여서 오히려 자신의 시적 세계관에 대한 전형성이 강하게 자리 잡고 있다.

언뜻 시인의 이름에서 메밀꽃이 흐드러진 가뭇없는 시정거리를 지나 한 나절의 발품 뒤에서야 맞이하는 '봉평 장날' 을 떠올리게 해주는, 이런 심심치 않은 연상 작용은 그의 시가 전해주는 소박함이며 일관성 때문은 아니었을까.

꿀벌과 적상산과 포내리(浦內里)가 혼재하는 시들 속에서 이봉명시인의 시가 경영하는 '터 안' 이며 '터 밖' 의 일상이며 물상들은 또 그렇게 바지런함과 푸름과 어울려 서로를 조율하거나 호응한다. 그 시 터의 안과 밖에서 이를테면 이봉명 시인의 시들은 오고 가는 계절과 오래된 가계와 잊을 수 없는 것들을 향하여 자꾸만 두리번거리며 서 있기도 한다. 그렇게 그의 노래들의 주된 정조는 아마 그리움과 비애와 노동의 편린들이었을 것이다.

바구니 들고 밭길로 나선다
깨밭을 빠져 나오며
나는 깨벌레가 무섭다는 사실을 느낀다
푸른 깨벌레가 달라붙는 느낌
온 몸을 오싹하게 만드는 죄 아니다
그 푸른 벌레가 너무 통통하기 때문이다
푸른 것들이 꿈틀거릴 때마다
내 몸이 따라 꿈틀거린다
빈 들판 가득 꿈틀거린다
죽은 자도 함께 꿈틀거린다
함부로 깻잎을 딸 수 없다, 밭길을

빠져 나와 무수한 얼룩들 중에서
가장 오래된 내 마음속의 얼룩
어머니가 빠져 나가 버리고
집사람이 뒤 따라 나간
그 얼룩들 송두리째 꿈틀거린다
들깨잎을 포개며 깨벌레에 끌려 다닌다
아무래도 내 몸 속의
깨밭을 벗어날 수가 없다

—「깻잎을 따며」

시집의 표제 시로 여겨지는 이 한 편의 시 속에서 이봉명 시인의 마음의 '먼 것' 들을 잠시나마 엿보게 된다. 들깻잎을 따는 소소한 일상에서 "얼룩"과 "어머니"와 "집사람"이 우르르 달려 나왔다.

푸른 것들이 꿈틀거릴 때마다/ 내 몸이 따라 꿈틀거린다/ 빈 들판도 가득 꿈틀거린다/ 죽은 자도 함께 꿈틀거린다/ 너무 푸르고 통통한 깨 벌레 한 마리가 이룩해 놓은 얼룩(실은 갉아 먹어버린 자리)을 시인은 "가장 오래된 내 마음속의" "얼룩" (비애)이라며 토로하고 있다.

얼룩은 그렇게 오래 지워지지 않는 것이다. 하물며 그것이 마음에 멍이 들게 한 "푸른" 순간에의 기억이라면 더더욱 그러고도 남을 법하다. 다만 그에게서 저 푸른 멍 자국을 굳이 유추해 본다거나 들추어낼 필요는 없을지도 모른다. 사실 어떤 생이며 죽음에게도 그렇게는 푸르도록 비워진 자리, 가슴의 얼룩 한 점 정도는 보이지 않는 거처에 얼마든지 간직되어 있을법한 일들이 아니었겠는가.

그의 시를 읽어내는 느낌을 적어보는 일을 맡기로 하면서, 이 글의 제목을 '노동과 비애와 그리움의 노래' 로 명명해본 이유 역시 사실은 여기에 있었다.

한번 넘어지고 나면
얼마나 눈앞이 캄캄한지
이제 더 이상 꿈 꿀
낮잠 같은 순간의 소망 갖지 않는다

깊은 우물을 팠다
두레박 가득 퍼 올리는 햇살 속에서
지느러미를 마구 흔들고 날아가는
애인의 붉은 얼굴 가득
팔딱이며 뛰는 아이 속에서
물은 깊을수록 침묵했다
모든 안경알로 번쩍이는

눈동자 한 가운데로 풍덩 빠진다

작은 뿔 하나 있다
더 멀리 사라지고 나면
바람을 들이받을 뿔
까닭도 없이 징징 울고 떠나는
애인을 들이받을 뿔
일방적으로 세상을 훑탕질하는
그곳에 가고 싶지 않다

어느 순간에도 꼿꼿이 일어선다
쓰러지고 나면 더 깊이 눕는다
나무가 걷는다
나무가 눕는다
이 세상의 나무가 모두 다
날아다닌다
날아 다니는 새가
비로소 숲을 꿈꾼다

—「모자이크. 1」

모자이크란 제목으로 연작시가 서너 편 함께 실려 있다.

이봉명 시인의 다른 시들에 비하여 이 시들의 개성은 시적 진술의 모호성이 다른 작품들에 비하여 두드러져 있다는 점이다. 말로써 치자면 눌변과 같은 시행의 이어붙임들, 가독자의 한 사람으로 다소 불편함이 찾아 들게도 하는 이 시편들의 구성이며 그래야만 하였을 '이유' 에 대해 한참이나 생각하게 해준다. 이렇게도 에둘러 말해야 하는 저간의 사정은 무엇 때문일까.

필자의 감식안에 약간의 문제가 있을 수도 있겠지만, 이봉명 시인의 모자이크 연작은 어쩌면 바로 그의 열망의 편린들이자 기억의 조각보 같은 것들인지도 모른다. "모든 안경알로 번쩍이는/ 눈동자 한 가운데로 풍덩" 빠져 보기도 하지만, 시인은 한사코 "그곳에 가고 싶지 않다" 고 말한다. 어딘지 불우해 보이는 고백으로 들려오기도 한다. 하지만 그는 "어느 순간에도 꼿꼿이 일어" 서고 싶어 한다. 때로는 "쓰러지고 나면 더 깊이 눕는다" 그리하여 그의 모자이크 그림이 완성한 결정의 장면은 "날아다니는 새가/ 비로소 숲을 꿈꾼다" 는 자각과 성찰의 지점에 맞닿아 있다. 이 또한 그가 간직한 '얼룩' 에 다름 아니다.

졸고를 시작하기에 앞서 그의 첫 시집이었던 "꿀벌에 대한 명상" 에 잠시 주목하여 보았다. 약간이나마 이채로웠던 것은 이 시집의 해설을 유명 소설가 중의 한 사람인 박범신 선생이 썼다는 점이었다. 이봉명의 시인의 시 이전이기도 할 그의 문학이며 삶을 이해하는데 약간이나마 도움을 주기 위한 방편으로 그 글의 일부를 인용해 보기로 한다.

"이봉명 시인은 꿀벌을 치고, 꿀벌은 이봉명 시인을 친다. 이 아름답고도 통렬한 동일시엔 그의 올곧은 도덕적 자부심이 담겨 있다. 깃발처럼 들고 가는 허세로서의 기개나 자부심이 아니라 그의 삶, 그의 문학으로 정직하게 실천해 가는 기개요, 자부심이다.

이봉명 시인은 정직하고 순결한 사람이다.

그가 세상의 더러움이나 사람들의 교활함을 몰라서가 아니라, 설령 손해를 보는 한이 있더라도, 거기 물드는 것은 스스로 자신의 삶과 문학을 비천한 곳에 떨어뜨린다는 것을 알기 때문에 그렇다. 내가 그를 처음만나 인연을 맺은 것이 어언 30여 년 가깝다.

스물 두 살의 젊은 나이로 내가 괴목 초등학교에서 재직하던 67년에 그는 초등학교 4학년 학생신분으로 나와 인연을 맺었다. 그는 그 때에도 그림 그리기, 글짓기, 서예 등에서 남다른 재능을 보였을 뿐 아니라 무엇보다 정직하고 순수한 영혼을 가진 소년이었는데, 지금 만나도 여전히 그 정직성과 그 순수성을 하나도 상실하지 않고 간직한 걸 보면 신기하기까지 하다. 그 영혼의 참된 본질이 그렇기 때문일 것이다.

이봉명 시인은 또 곧은 사람이다.

생활이 아무리 고단할망정 그 어떤 유혹과 불의에 휩쓸리지 않고 평생 처음 그 걸음으로 사는 그의 일관성은 시인의 삶이 참으로 어떠해야 하는지 극명히 보여준다.

속이 좁지 않지만 결코 타협하지 않는다. 80년대의 저 어두웠던 연대에도 그는 두려워하지 않고 민주의 새 날을 그리워하는 탄탄한 목소리의 시를 써내곤 해서 오히려 내가 만류한 일이 여러 번 있었을 정도였다…(중략)… 억눌리는 자, 가난한 자, 못난 자, 병든 자 등 소외된 사람과 소외된 삶에 대한 뜨거운 사랑이 타협하지 않는 그의 곧은 정신과 동전의 양면처럼 맞물려 있다. 구태여 말하자면, 억눌리는 사람에 대한 사랑으로 억누르는 사회 역사구조에 대해 그는 분노하고, 고결한 품성에 대한 그리움으로 그렇지 못한 사랑에 대해 안이한 타협을 거부하는 것이다. 양심에 따르는 올곧은 삶의 태도야말로 사랑의 실천이라고 그는 믿는다. 그는 그런 원리에서 그가 이웃해 살고 있는 적상산처럼 포근하고 또 적상산처럼 탄탄하다.

—「첫 시집의 해설 중에서」

2.

첫 시집 "꿀벌에 대한 명상"에서 이봉명 시인을 대하는 스승의 눈길은 "포근하고" "탄탄하다" 시나 문학행의 이전에 자신의 사람 됨됨이에 대한 평가가 이 정도에 이른다면 누구인들 흐뭇하거나 감격스러울 것만 같다. 그래서인지 그의 시집의 시들은 여전히 "그대와 이 세상에 사는 일"을 꿈꾼다. 비단 사는 일에서 뿐만 아니라 시를 향한 그의 염원의 발길은 묵묵하고도 묵직한 소의 걸음에 가깝다.

> 꿀벌은 스스로의 몸으로
> 꿀벌이다
> 자기 전신으로 날아서 꿀벌이 된다
> 자기 전신으로 수많은 꽃 속에
> 온몸 들이밀어 꿀샘을
> 빨아들이는 그들의 자세로 두려움을 털고
> 온몸이 으스러지도록 들이밀어
> 배가 터지도록 채워 나르는
> 꿀벌은 꽃이 있으면 있는 곳으로
> 밀고 간다 막 밀고 날아간다
> 터질 듯이 자기의 뜨거운 배를 내밀고
> 아주 날렵하게, 날아와 앉는

꿀벌은 자기 전신으로 꿀벌이 된다
꽃피는 들로 산으로 자기 스스로
꿀벌은 꿀벌이다

—「꿀벌로부터의 봄」

그의 "꿀벌"에 관한 일련의 시편들이 놓인 첫 장에서 맨 처음 이 시를 대하게 된다. 지금도 여전히 꿀벌을 치며 사는지 잘 모르겠지만, 이봉명 시인이 한 때 꿀 농사를 지으며 살았다는 사실은 첫 시집의 해설에서도 확인된 바 있다.

그가 대하는 "꿀벌"의 의미는 사뭇 명징해 보이기까지 한다. "꿀벌은 스스로의 몸으로/ 꿀벌이다"라는 것이다. 그렇다면 스스로의 의지나 의미부여에도 불구하고 자신이거나 스스로가 아닌 것들이 있을까. 아마도 있는 모양이다. 아니 얼마든지 많이 있다는 사실을 누구나 익히 알고 있을 법하다. 스스로가 원하고 구하고자 노력해 보지만 이루어지지 않는 좌절과 헤매임들 그리고 동경들, 그러기에 시인은 자신의 처지에서 꿀벌에게서의 '자유의 의지'를 읽어낸다. 아니 읽고 싶었는지 모른다. 봄이 와서 꿀벌이 나는 것이 아니라, 꿀벌로 하여 "봄"이 왔노라고 말하는 이 지극한 역설로부터 그의 '꿀벌의 시'들은 웽웽거리며 태동하고 있다. "빨아들이는 그들의 자세로 두려움을 털고/ 온 몸이 으스러지도록 들이 밀어"서 "꽃 피는 들로 산으로 자기 스스로/ 꿀벌은 꿀벌"인 셈이다. 이봉명 시인의 꿀벌에 대한 자각이자 바라봄이다.

언제나 한번은 꿀벌이 되고 싶었다/ 사람의 마음과 그의 생각이 일치하는/ 포내리는 늘 어수선했다/ 물결처럼 빠르게 흐르다가도/ 어느 곳에서 아주 느리게 모여/ 밤낮없이 얼굴 바꾸는 그런 사람이 되고 싶었다/ 단 한 번의 눈짓에도 온 들에/ 뜬소문으로 번져가는 물결처럼/ 어느 날 하루 조용히 지나는 일 없는/ 포내리 사람을 닮아서/ 수시로 혈압을 측정하는 꿀벌/ 꿀벌을 포기하고 돌아와/ 인간의 가면을 꿈꾸는 포내리/ 낮은 소리에도 경기를 일으키는/ 꿀벌의 몸짓을 보았다// 꿀벌은 꼭 한번 물살이 되고 싶었다/ 그리고 다시 혈압이 급상승하면/ 꿀벌은 거꾸로 매달려/ 사람의 몸짓으로 야위어 갔다/ 마침내 그의 눈빛마저 희미해질 때/ 꿀벌이 눈 뜨지 못하는 시간 내내/ 우리의 몸을 휘감고 넘어졌다/ 단지, 꿀벌의 몸짓 하나만으로/ 사람을 닮아가는 포내리는 침잠하고 있었다/ 남은 것은 꿀벌의 과욕과/ 인간의 허상에서/ 포내리는, 비상하지 않은 채/ 늘 아침을 맞는다// 꿀벌은 날아도 결국 영원에/ 이르지 못하는 것,/ 사람의 손 안에 감추어지기를 원하지 않았다/ 비로소 죽어서 사람의 자유처럼/ 아득히 날아서 꿀벌이 된다/ 나를 겨냥한 침, 일순/ 꿀벌의 영역에서 이탈하여/ 내 가슴팍에 박히고 만다.

—「꿀벌을 위하여. 2」

그가 제목에서 밝힌 것처럼 "꿀벌을 위하여"라고 쓴 이 시 속에는 사람(자신)과 바다와 꿀벌이 "물살"로 굽이치며 뒤엉켜 있다. 시인 자신도 언젠가 꿀벌이 되고 싶었지만, 그가 발을 내리고 살아가는 포내리는 늘 어수선했다. 뜬소문에 번져가는 물결처럼…… 거기에서 그는 낮은 소리에도 경기를 일으키는 꿀벌을 본다. 마침내 포내리는 침잠하고, 꿀벌들의 과욕과 인간(자신을 포함한)의 허상으로 인하여 포내리는 비상하지 못하고, 가라앉은 채로 아침을 맞는다. 꿀벌이 제 아무리 날아오르려 애를 써 본들 그것은 영원에 이르지 못하고, 사람의 손 안에 결박당하지 않기만을 꿈꿀 뿐이다. 꿀벌은 비로소 죽어서나 그들의 생애가 자유에 이르름을 알고 아득히 날아오르려는 생의 마감으로 꿀벌을 완성한다. 일생의 마지막 거부의지로 죽음과 교차되는 꿀벌의 침. 그것이 마침내 시인의 가슴팍에 와 박혀, 꿀벌은 완성되었다. 그러므로 이 시는 꿀벌에게 바치는 한 편의 조시로 읽혀도 무방할 것 같다. 그렇게 보면 저 시의 제목 역시 더없이 맞춤하게 보인다. 다만 다소간에 거칠게 투영되어 있는 시의 어법이 이 시의 한계이자 어떤 의미에서는 앞으로의 그의 시가 극복해 나가야만 할 약점으로 보이기도 한다.

3.

꿀벌을 관류해온 시인의 시들이 다시금 생활의 마을에 닿았다. "아무도 눈 여겨 보지 않는" 것들에게 이봉명시인의 시는 주목한다. 바로 시집의 3부에 나타난 시편들이다.

> 끼니 때 마다 불어터진 라면을 먹던 날/ 아내는 잘도 견뎠다/ 그래, 이 푸른 5월에 꿀을 따러/ 경부고속도로를 달려간다/ 라면을 먹고 설사를 만난 그 길/ 달려 고향에 닿을 때/ 허기진 배 움켜쥐고 하얀 꽃을 향하여/ 내달아 가는 꿀벌의 날개, 빈 꿀통 가득 넘치는/ 가난을 감추며// 산다는 건 눈물 삼키는 것/ 수시로 야간열차의 괴성에 놀라 일어나는 밤/ 논 복판 천막 속에서 바라보는 별빛/ 새벽기차의 불빛 따라가다/ 다시 헤아려 보는 벌통의 침묵에 자빠진다/ 무참히 내려앉은 5월의 무게/ 삶은 자주 미끄러지고, 자다 말고 울고 있는 아내와/ 아이들이 새파랗게 자라나는 이 밤에/ 쓸쓸할 것도 없이 나와 함께 앉은 새벽/ 그래, 사는 거

야/ 지나간 것은 모두 아름답고 그리운 것처럼/ 빈 꿀통 싣고 패잔병처럼 아이들 곁으로 돌아갈지라도/ 초라한 모습 보이지 말아야 해/ 그들은 이 모습으로 살아서는 안 되는 일/ 그게 더 무서운 거야// 숭숭한 새벽을 지나 먼 산으로 번져오는 5월의 빛살/ 아이들 꿈틀거리며 자라나는 그 푸르른 나무들 속으로/ 벌떼의 비상을 바라보면/ 무서웠던 밤의 기억을 털며 아내는/ 하염없이 멀어져 가는 기차를 보던 / 그 피난과 같은 5월의 끝 무렵.

—「5월의 잔상」

퍽이나 아파 보이는 '일'(노동)에의 시편이다. 그러고 보니 이봉명 시인에게 5월은 참으로 치열했다. 옛 남쪽 도시에서 불타올랐던 통한과 불구의 5월처럼, 그가 맞이하고 있는 생활의 5월도 어딘지 붉은 빛이다. "산다는 건 눈물 삼키는 것/ 수시로 야간열차의 괴성에 놀라 일어나는 밤"에 "논복판 천막 속에서 바라보는 별빛"은 어쩌면 야간전을 준비하는 초병의 눈빛처럼 써늘하며 깊어 보인다. "삶은 자주 미끄러지고, 자다 말고 울고 있는 아내와/ 아이들이 새파랗게 자라나는 이 밤"으로 하여 그 계절에 관한 시인의 잔상은 참혹하여라. "빈 꿀통 싣고 패잔병처럼 아이들 곁으로 돌아갈"지 모르는 가장으로서의 무섬증. 제발 자신의 아이들에게만은 "이 모습으로 살아서는 안 되는 일" 이라는 점을 강조하고 있다.

그러나 그에겐 항상 "풀" 과 "꽃" 이 공존한다. 풀꽃에 관한 연작의 시편들이 그것이다.

> 세상의 모든
> 꽃은 보이지 않는 몸짓으로 피어나고
> 다시 서늘한 물빛으로 지고, 그냥 지나가다가
> 보았는가 꽃이라고 부르는 이를
> 최후의 눈빛 하늘에 두고
> 침묵의 무게 지고 이제, 어디로 가나
> 비 내린다고 전신을 내 놓는 새벽처럼
> 눈물 흘릴 수 없다. 그는 떠나갔다
> 잔잔한 물결소리 들으며
> 빛나는 모든 것 사라졌다
> 아무 것도 남겨 주지 못하고, 그리고 지금 떠나면서
> 깊이깊이 스며서 싱싱한 풀잎으로 일어나
> 이슬에 굴러 떨어지는 아침 햇살
> 온 몸으로 안는다
> 그래서, 세상의 모든 것
> 그냥 스치는 것을.

—「풀 꽃 2」

4.

마침내 그의 시는 생활의 바다에 다름아닌 포내리 앞에 이르렀다. 겨울밤의 불면 위로 불어가는 시인의 내면을 치고 가는 바람, 먼 곳을 향해 기대어 보는 가없는 그리움, 비애와 한탄과 끝나지 않은 노동의 노래 속에서 이봉명 시인은 비로소 시인인 셈이다. 시인은 스스로 시인이며, 언제 까지나 스스로의 몸으로 시인인 것이다. 마치도 그가 원하는 꿀벌과도 같이, 자기 스스로의 전진과 비상으로 그는 쉬지 않고 시와 시인을 꿈꾸는 존재의 시간을 맞이하고 있는 것이다. 재삼 여겨보지만 그의 시는 미사여구로 중무장한 말뿐인 시, 행색의 시, 모방의 시가 아니라 해마다 봄이 오면 빈 꿀통 가득 꿀을 모아오는 '벌' 들의 시. 노동과 그리움의 점액질로 엉킨 자신만의 시를 꿈꾸며 살아가는 모습을 보여준다.

그의 원천이 자리하는 포내리에서의 시 한 편을 여기에 놓아보는 것으로, 거칠게 살펴본 이봉명 시인의 시 읽기를 이쯤에서 마칠까 한다. 원컨대 그의 삶과 문학에 더더욱 거센 물보라가 일어나기를 원하는 마음이다.

포내리에 포내리에 바람이 분다
넘어지는 건 나무와 숲, 그리고 그대
또 넘어지며 쓰러지는 그대
다시 일어서지 못하는 너를
포내리는 포내리는 쓸쓸하게 바라본다
한줌의 흙으로 왔다가 그대로 흙이 되어서
어둠으로 흔들려서
바람이 불면 그대로 바람이 되고
눈물이 나면 그대로 눈물이 되고
아무것도 아무것도 아니면서
포내리를 떠나가는 그대
태풍 올가로 떠밀려 간다
쓸쓸할 것도 없이 살다가
쓸쓸하게 떠나가는 그대
포내리는 포내리는 알지 못한다
애써 눈물 흘리지 않는 여인네도
바람이 불면 부는대로,
한 평 땅 값을 더 소중히 여기는
포내리는 포내리는 바람분다
쓰러지고 넘어지는 건 그대와 나
넘어지고 엎어지는 건 당신과 나

아무것도 아무것도 남겨두지 않고
바람이 쓸어버린 1999 여름
바람은 바람이면서 죽음인걸
흙은 흙이면서 어둠인걸
산으로 산으로 떠도는 여자와
흙으로 흙으로 떠도는 남자가
하염없이 돌아서는 포내리
이 시대의 마지막 바람이 분다

아주 오래된 내 마음속의 깨벌레

2011년 9월 1일 초판 1쇄 찍음
2011년 9월 9일 초판 1쇄 펴냄

지은이 _ 이봉명
펴낸이 _ 나문석
펴낸곳 _ 도서출판 두엄

등록번호 _ 제03-03-503호
주소 _ (700-441) 대구광역시 중구 남산3동 582-7번지
대표전화 _ (053)423-2214
전자우편 _ dueum@hanmail.net

ISBN 978-89-85645-35-5

* 지은이와 협의하여 인지는 생략합니다.
* 책값은 뒤표지에 표시되어 있습니다.

복권기금 문화나눔 * 이 책은 복권기금을 지원받아 발간되었습니다.

주최 문화체육관광부 한국문화예술위원회 후원 복권위원회